Bernd Flessner

Peter Schilling

Stefan Lohr

Der kleine Major Tom

Der unbekannte Planet

Band 1: Völlig losgelöst

Band 2: Rückkehr zur Erde

Band 3: Die Mondmission

Band 4: Kometengefahr

Band 5: Gefährliche Reise zum Mars

Band 6: Abenteuer auf dem Mars

Band 7: Außer Kontrolle!

Band 8: Verloren im Regenwald

Band 9: Im Bann des Jupiters

Band 10: Im Sog des Schwarzen Lochs

Band 11: Wer rettet Ming und Hu?

Band 12: Plutinchen in Gefahr

Band 13: Die Wüste lebt

Band 14: Abenteuer im brennenden Eis

Band 15: SOS im Venusnebel

Band 16: Fehler im System

Band 17: Rettungsmission zum Pluto

Band 18: Geheimnis in der Tiefe

Band 19: Die Dinos greifen an!

Band 20: Der unbekannte Planet

Weitere Abenteuer sind in Vorbereitung!

Bernd Flessner

Peter Schilling

Stefan Lohr

Der unbekannte Planet

In Zusammenarbeit mit

DLR Deutsches Zentrum für Luft- und Raumfahrt

Ein besonderer Dank geht an
Herrn Dr. Volker Kratzenberg-Annies
für die fachliche Beratung seitens des DLR

TESSLOFF

FSC
www.fsc.org
MIX
Papier | Fördert gute Waldnutzung
FSC® C002795

1. Auflage 2024

Burgschmietstraße 2-4, 90419 Nürnberg
Text: Bernd Flessner
Cover- und Innenillustrationen: Stefan Lohr
Idee/Mitwirkung: Peter Schilling
Lizenz: MajorTon Entertainment KG
Major Tom und *Völlig losgelöst* sind Marken
der MajorTon Entertainment KG
Grafisches Konzept: Barbara Heinlein, Gestaltung: Uwe Herrlen
Lektorat: Bianca Linster

www.tessloff.com

ISBN: 978-3-7886-4620-2

Dieses Buch entstand in Zusammenarbeit mit dem Deutschen Zentrum für Luft- und Raumfahrt (DLR), das den Text auf fachliche Richtigkeit geprüft hat.

DLR Deutsches Zentrum für Luft- und Raumfahrt

Inhalt

Wie alles begann

Der kleine Major Tom lebt zusammen mit seinem Vater, dem großen Major Tom, auf der Raumstation Space Camp 1. Seine Mutter arbeitet auch für die Weltraumagentur, ist aber nicht mit auf der Raumstation.
Stella ist seine beste Freundin und ebenfalls an Bord. Ihre Eltern sind bei der Bodenkontrolle beschäftigt. Plutinchen ist eine Roboterkatze und die treue Gefährtin von Tom und Stella. Gemeinsam erforschen sie das Weltall, beobachten die Erde und züchten Pflanzen an Bord der Raumstation. Eines Tages muss der große Major Tom unerwartet zum Mars fliegen und dort mithelfen, die Marsstation weiter aufzubauen.

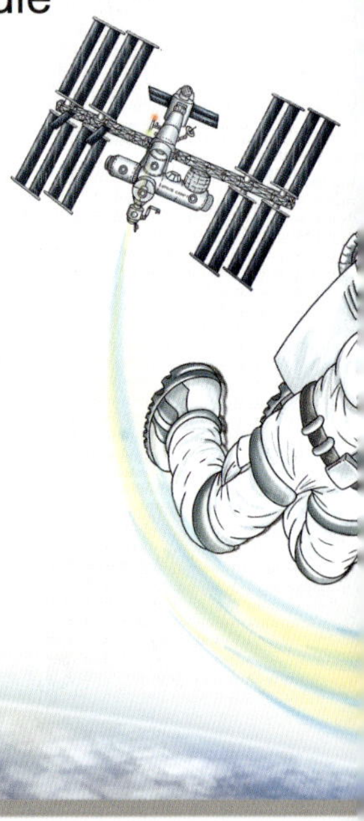

Tom, Stella und Plutinchen bleiben in der Raumstation zurück und sind nun ganz auf sich alleine gestellt.
Doch auch ohne ihre Eltern sind sie erfolgreiche und begeisterte Forschende. Gemeinsam meistern sie den Alltag auf der Raumstation, lösen Probleme und genießen zwischendurch den Ausblick auf ihren Heimatplaneten Erde. Auf den verschiedenen Missionen erleben sie ein Abenteuer nach dem anderen und lernen immer wieder Erstaunliches und Interessantes über die Erde und das Weltall. Dabei helfen sie sich gegenseitig und geben auch in brenzligen Situationen niemals auf.

Aufregende Nachrichten

Stella schwebte gelangweilt im Wohnmodul von Space Camp 1 und nahm ab und zu einen Schluck Space Tea. Plötzlich erklang ein Alarm.
„Weltraumschrott?“, fragte Tom, der sofort sein Buch in der Luft schweben ließ und zu Stella ruderte. „Ein Feuer an Bord? Verlieren wir an Höhe? Kommt ein Roboterhund zu Besuch?“
„Nichts von alledem“, erwiderte Stella. „Der Alarm gilt auch nicht für uns.“
„Sondern für wen?“, wunderte sich Tom.
„Für die Internationale Raumstation“, antwortete Stella enttäuscht.

„Haben die es gut. Da ist wenigstens was los!“, meinte Tom mit spürbarem Neid. „Was ist denn dort passiert?“

„Eine Druckschleuse schließt nicht richtig“, antwortete Stella. „Sie müssen wohl eine Dichtung austauschen.“

„Na, immerhin etwas“, seufzte Tom. „Bei uns quietscht ja nicht einmal eine elektrische Zahnbürste. Alles läuft wie geschmiert.“

„Dann sei doch zufrieden“, meldete sich Plutinchen, die über ihren Köpfen an der Bordwand angelaufen kam.

„Und einen neuen Auftrag haben wir auch nicht“, maulte Stella. „Ich habe in dieser Woche schon zweimal meine Eltern gefragt. Kein Flug zum Mars oder zur Venus, nicht einmal zum Mond. Ich sage euch, im All ist nicht mehr viel los.“

„Aber hier auf der Raumstation habt ihr doch viel zu tun“, gab Plutinchen zu bedenken.

„Viel schon“, stimmte Tom ihr zu. „Aber es ist jeden Tag die gleiche Arbeit. Stinklangweilig.“

„Wir schauen den Tomaten im Gewächshaus beim

Wachsen zu“, verdrehte Stella die Augen. „Das ist wirklich sehr spannend.“
„Wir warten geduldig auf die Frachtrakete, die alle drei Wochen kommt“, grinste Tom. „Frische Unterhosen und Overalls. Das macht richtig Spaß.“
„Nicht zu vergessen die Kontrolle der Anzeigen für Treibstoff, Sauerstoff und die Flughöhe“, spottete Stella, „die rund um die Uhr ebenfalls vom Bordcomputer und der Bodenstation kontrolliert werden. Das ist nun wirklich eine tolle Aufgabe.“
Stella sah auf den Monitor. Der Alarm auf der Internationalen Raumstation war schon wieder verstummt.
„Wahrscheinlich war es auch noch ein Fehlalarm“, meinte sie. „Bestimmt hat nur ein Sensor gesponnen.“
„Jetzt kommen die Nachrichten“, sagte Tom. „Auf der Erde ist sicher auch nicht viel los.“
„Bestimmt“, nickte Stella. „Wer das Fußball-Endspiel gestern gewonnen hat, ist ja sowieso klar.“
Doch Tom und Stella hatten sich geirrt, denn die Nachrichten hatten gleich zwei Überraschungen zu bieten.

„Die Internationale Raumfahrtagentur meldet den erfolgreichen Test eines neuen Wurmlochs", verkündete eine Sprecherin. „Es soll noch zuverlässiger sein als das bisherige Modell. Leider können nach wie vor nur kleine Frachtraumschiffe und Forschungssatelliten das Wurmloch passieren, da die Öffnung für große bemannte Raumschiffe zu klein ist."

„Orbital! Ein neues Wurmloch!", strahlte Tom. „Und nur wir können es mit unserem kleinen Space Racer nutzen."

Doch das war noch nicht alles. Die nächste Meldung war ebenso aufregend: „Mithilfe des neuen Weltraumteleskops wurde ein weiterer erdähnlicher Exoplanet entdeckt. Die Astronominnen und Astronomen halten es für möglich, dass auf Tiberius c, so der Name des Planeten, Leben möglich sein könnte."

„Was ist denn ein Exoplanet?", fragte Tom erstaunt.

„Ein Exoplanet ist ein Planet, der zu einem fremden Sonnensystem gehört", erklärte Plutinchen.

„Das ist ja ein Ding!", raunte Stella. „Das müsste doch sofort jemand untersuchen!"

„Nein“, widersprach Tom.

Stella sah ihn verblüfft an.

„Nicht jemand sollte den Planeten untersuchen, sondern wir“, erklärte er.

„Das neue verbesserte Wurmloch!“, jubelte Stella.

„Ganz genau“, grinste Tom. „Denn unser Space Racer passt ja hindurch. Wir sind klein und schnell genug.“

„Das wäre ein fantastischer Auftrag“, freute sich Stella, „aber wie bekommen wir ihn?“

„Indem wir unsere Eltern überzeugen. Rufen wir sie gleich an“, schlug Tom vor und wollte den Bordcomputer die Verbindung herstellen lassen.

„Aber nicht jetzt!“, bremste ihn Stella. „Die Nachrichten sind noch nicht zu Ende. Wenn wir sie jetzt stören, hören sie uns nicht richtig zu.“

„Stimmt“, nickte Tom. „Das hatte ich ganz vergessen. Warten wir also.“

Etwa eine Viertelstunde später war das Gespräch schon in vollem Gang.

Stellas Eltern schüttelten die Köpfe, Toms Eltern machten ernste Gesichter.
„Auf gar keinen Fall!“, protestierte Stellas Vater. „Zu einem Exoplaneten, von dem wir kaum etwas wissen.“
„Dort war ja noch niemand!“, sagte Toms Mutter besorgt.
„Deshalb wollen wir ja dort hin“, erklärte Stella.
„Was ist mit Pluto? Dort waren wir auch die Ersten“, gab Tom zu bedenken.
„Aber Pluto liegt im Sonnensystem“, erwiderte der große Major Tom.
„Und deshalb ist er ungefährlicher als dieser Tiberius c?“, fragte Stella.
„Vergesst bitte nicht die Gefahr, die von unbekanntem, fremdem Leben ausgehen könnte“, warf Toms Mutter ein.
„Du meinst, Aliens mit großen Glubschaugen könnten uns angreifen?“, lachte Stella.
„Nein, es geht um Bakterien oder Viren“, erläuterte Toms Mutter ernst. „Ihr könntet sie sogar mit zurück zur Erde bringen.“

So ging das fast eine halbe Stunde, bis Toms Vater endlich nachgab.
„Sie waren doch schon bei dem Schwarzen Loch“, sagte er. „Das war auch viele Lichtjahre entfernt. Außerdem ist dies im Moment die einzige Möglichkeit, den neuen Planeten zu erforschen. Plutinchen ist ja immer dabei. Und was mögliche Bakterien oder andere Keime betrifft, so werdet ihr nicht zum Space Camp 1 zurückkehren, sondern zur Bodenstation. Dort kommt ihr in Quarantäne und werdet gründlich untersucht und von möglichen Erregern befreit.“
„Desinfiziert“, wusste Plutinchen.
„Richtig. Auch Plutinchen und der Space Racer müssen desinfiziert werden“, fuhr Toms Vater fort. „Dann sehe ich keine Gefahr. Was meint ihr?“
Die Eltern von Tom und Stella tauschten noch einige Blicke aus, nickten aber schließlich. An Bord der Raumstation schlug Stella einen Salto, während Tom vor Freude mit den Armen in der Luft herumfuchtelte. Plutinchen miaute kopfschüttelnd: „Menschen!“

Das neue Wurmloch

Eine Woche später saßen Stella, Tom und Plutinchen im Space Racer und bereiteten den Start vor. Es war immer derselbe Ablauf. Diesmal war Tom der Pilot.

„Major Tom an Bodenkontrolle. Bin bereit zum Check“, funkte er.

Auf einem Monitor erschien eine Checkliste mit mehreren Punkten, die sie nun durchgehen und überprüfen mussten.

„Treibstoff okay. Sauerstoff okay. Akkus geladen“, las Stella vor.

Es dauerte eine Weile, bis sie die Liste durchgesehen hatte. Aber es war alles in Ordnung. Es konnte losgehen.

„Major Tom an Bodenkontrolle. Wir sind jetzt startklar.“

„Startfreigabe“, sagte der Mann von der Bodenkontrolle. „Guten Flug!“

„Danke“, funkte Tom und griff zum Joystick,

während Stella die Verbindung zur Raumstation löste. Das Raumschiff beschleunigte und drückte Tom und Stella in ihre Schalensitze. Es dauerte nicht lange, bis sie das Wurmloch erreichten.

„Es sieht noch immer wie eine riesige Linse aus“, meinte Stella. „Ich kann keinen Unterschied zum anderen Wurmloch erkennen.“

„Ich auch nicht“, sagte Tom, der ein wenig enttäuscht war. „Größer ist es auch nicht geworden.“

„Zum Glück“, entgegnete Stella. „Nur wir können hindurch.“

Der Space Racer tauchte in die Linse ein und auch schon wieder auf, jedoch an einem ganz anderen Ort in der Milchstraße. Vor den drei Freunden drehte sich ein unbekannter Planet.

„Tiberius c“, staunte Tom.

„Und dort ist sein Stern, fast wie unsere Sonne“, sagte Stella fasziniert.

„Sie hat aber ganz andere Farben als unsere Sonne und ist etwas kleiner“, erklärte Plutinchen. „Tiberius c hat auch eine engere Umlaufbahn, ist aber in der habitablen Zone.“
„Was für eine Zone?“, fragte Tom.
„Die habitable Zone“, antwortete die Roboterkatze. „Das ist die Zone rund um einen Stern wie die Sonne, in der das Wasser des umkreisenden Planeten flüssig ist.“
„Dort ist es also warm genug“, meinte Stella. „Warm genug, damit Leben entstehen kann.“
„Seht mal! Hinter dem Planeten taucht etwas auf! Ein Mond!“, stellte Tom fest. „Ein kleiner Mond. Aber besser als keiner.“
„Tatsächlich“, nickte Stella. „Er sieht ganz anders aus als unser Mond.“
„Bestimmt ist er auf andere Weise entstanden“, vermutete Tom.
„Tiberius c könnte den Mond eingefangen haben.“

„Ein Mond ist auch hilfreich für die Entstehung von Leben“, wusste Plutinchen. „Er sorgt nämlich mit seiner Anziehungskraft dafür, dass der Planet nicht wild hin und her taumelt. Denn die Achse, um die er sich wie ein Kreisel dreht, zeigt immer in dieselbe Richtung. Dadurch schwankt auch das Klima viel weniger. Ein Magnetfeld hat der Planet auch. Das schützt vor gefährlichen Strahlen aus dem All."

„Dann könnten wir hier ja Glück haben, außerirdisches Leben zu finden", meinte Stella. „Wo sollen wir landen?"

„Nicht so eilig", bremste Plutinchen Stella. „Erst schwenken wir in eine geeignete Umlaufbahn ein und beobachten den Planeten von oben. Und vorher sollten wir noch feststellen, ob wir Funksignale empfangen oder Satelliten den Planeten umkreisen."

„Du meinst, der Planet könnte bewohnt sein?", fragte Tom erstaunt.

„Natürlich", antwortete Plutinchen. „Die Erde ist ja auch bewohnt."

„Das stimmt", gab Tom zu. „Empfangen wir irgendwelche Signale?"

„Nichts", versicherte Stella, die auf das große Display sah. „Alles tot. Der Orbit ist auch leer. Keine Satelliten."

„Das bedeutet noch lange nicht, dass es dort kein intelligentes Leben gibt", gab Plutinchen zu bedenken.

„Sie könnten nur noch nicht so weit sein, um Funk und Raumfahrt erfinden zu können“, erklärte Plutinchen weiter.

„Oder sie wollen es gar nicht“, überlegte Stella. „Sie könnten ganz anders leben und denken als wir.“

„Auch das ist möglich“, stimmte Plutinchen zu.

„Ich schwenke jetzt in den Orbit ein“, sagte Tom. „Umkreisen wir den Planeten und sehen ihn uns etwas genauer an.“

Tom sah auf das große Display, wischte über ein paar Symbole und bewegte den Joystick. Der Space Racer wurde langsamer und änderte seinen Kurs.

„Der soll erdähnlich sein?“, wunderte sich Stella. „Er sieht so ganz anders aus.“

„Fremdartig“, stimmte Tom zu.

„Er ist etwas größer als die Erde und hat auch mehr Masse“, stellte Plutinchen fest. „Er hat damit eine etwas stärkere Schwerkraft. Wir werden uns also schwerer fühlen und das Gehen wird schwieriger werden.“

„Kannst du etwas entdecken?“, fragte Tom.

„Nein, ich kann weder einen Kontinent noch einen Ozean sehen. Nur komische Wolken“, antwortete Stella. „Das Grünliche dort, könnte das nicht Wasser sein?“
„Ich weiß es nicht“, musste Tom zugeben. „Hier sieht alles anders aus als bei uns.“
„Das ist das Problem“, wusste Plutinchen. „Wir können oft nur erkennen, was wir bereits kennen. Es kann eine Weile dauern, bevor wir auch das Neue und Unbekannte wahrnehmen und verstehen.“
„Was sagen unsere Messinstrumente?“, fragte Tom.
„Die Atmosphäre besteht vorwiegend aus Kohlendioxid und Stickstoff, Wasserdampf und ganz wenig Sauerstoff. Ein paar andere Gase sind auch noch dabei“, las Stella vom Display ab. „Atmen können wir dort nicht. Es herrscht eine ganz andere Atmosphäre als auf der Erde. Die Erdatmosphäre besteht zum Großteil aus Stickstoff und zu einem kleinen Teil aus Sauerstoff. Andere Gase sind kaum vertreten.“
„Wir sollen doch auch gar nicht dort atmen“, sagte Tom. „Wegen der Bakterien, die es dort geben könnte.“

„Das weiß ich", erwiderte Stella. „Ich wollte es bloß mal erwähnen."

„Könnte es in dieser Atmosphäre Leben geben?", fragte Tom.

„Warum nicht?", antwortete Plutinchen. „So eine ähnliche Atmosphäre hat die Erde am Anfang ihrer Geschichte auch mal besessen."

Immer wieder umkreiste der Space Racer den Exoplaneten. Stella, Tom und Plutinchen machten Fotos und sammelten möglichst viele Daten über Tiberius c.

„Was ist denn jetzt das Grünliche?", wiederholte Stella ihre Frage. „Die Instrumente zeigen Gesteinsmasse an. Aber grüne Steine?"

„Das kann durchaus sein", miaute Plutinchen.

„Unbekannte Lebensformen oder Mineralien könnten es grün färben", erklärte die Roboterkatze weiter.
„Hier ist wohl alles möglich", stellte Tom fest.
„So ist es", nickte Plutinchen. „Hier sind sogar Dinge möglich, die wir bislang für unmöglich gehalten haben. Jeder Planet steckt voller Überraschungen. Das wisst ihr doch von unserem Sonnensystem. Schaltet mal den Abtaster ein."
„Abtaster läuft", bestätigte Stella. „Jetzt werden wir bald wissen, ob es hier Leben gibt. Dem Scanner entgeht nichts."
„Zumindest nichts Erdähnliches", gab Plutinchen zu bedenken.
Mit großen Augen verfolgten Stella und Tom die Ergebnisse des Scanners auf dem Display. Er suchte die Oberfläche des Planeten nach möglichen Lebensformen ab.
„Nichts", sagte Stella.
„Kein Lebenszeichen", bestätigte Tom. „Sollen wir jetzt nicht mal landen? Ich schlage die Hochebene im Norden vor."
„Ich glaube, wir können es wagen", schnurrte Plutinchen.

Gefährliche Landung

„Dann verlasse ich jetzt den Orbit und beginne mit dem Landeanflug“, sagte Tom und drückte den Joystick nach vorne. Gleichzeitig verlangsamte er den Flug. Mit dem Bauch des Space Racers traten sie in die Atmosphäre ein. Auf der Unterseite des Space Racers befand sich der Hitzeschild, der schnell zu leuchten und zu glühen begann.
„Jetzt wird es heiß“, meinte Stella. „Aber unser Hitzeschild ist ja neu.“
Als sie in die tieferen Schichten der Atmosphäre eindrangen, wurde es plötzlich ungemütlich.
„He? Was ist das?“, schimpfte Tom.
Der Space Racer schaukelte erst hin und her und fing schließlich an zu tanzen.
„Was soll das?“, fragte Stella.
„Das müssen heftige Winde sein“, vermutete Plutinchen.
„So stark?“, wunderte sich Tom. „Ach ja, hier ist ja alles möglich.“

„Es ist eben ein fremder Planet und nicht die Erde“, erklärte Plutinchen.
„Das merken wir“, sagte Stella.
Der Space Racer wurde immer heftiger durchgeschüttelt. Er überschlug sich und drehte sich um die eigene Achse.
„Hilfe!“, schrie Tom.
„Mir wird gleich schlecht“, kündigte Stella an und wurde blass.
„Mir nicht“, schnurrte Plutinchen.
„Warnung! Fluglage instabil!“, meldete sich in diesem Augenblick der Bordcomputer.
„Tatsächlich? Darauf wäre ich gar nicht gekommen“, meinte Tom, der nun ebenfalls seinen Magen spürte.
„Warnung! Fluglage instabil!“, wiederholte der Bordcomputer.
„Nichts zu machen“, sagte Tom. „Der Space Racer lässt sich nicht mehr lenken.“
„Wir stürzen ab!“, rief Stella. „20 Lichtjahre entfernt von der Erde.“
„Die Windgeschwindigkeiten in dieser Höhe sind ungewöhnlich“, wunderte sich Plutinchen.

„Du hast selbst gesagt, dass wir nicht immer alles mit der Erde vergleichen sollen“, brummte Tom.

„Das stimmt natürlich“, nickte die Roboterkatze.

„Warnung! Fluglage instabil“, verkündete weiterhin der Bordcomputer.

„Was können wir tun?“, fragte Stella panisch.

„Wir können nur hoffen, dass es weiter unten nicht mehr so stürmisch ist und sich der Space Racer wieder fängt“, antwortete Plutinchen.

Doch noch schlug der Space Racer Purzelbäume. Die Mägen von Tom und Stella kamen kaum hinterher. Zum Glück hatten sie viel trainiert und waren auf derartige Situationen vorbereitet. Nach einem weiteren Purzelbaum tauchten sie in eine Wolkendecke ein. Der Space Racer machte noch ein paar kleine Hüpfer.

Dann schaukelte er sanft hin und her, bevor er in einen ruhigen Gleitflug überging.
„Entwarnung. Fluglage stabil“, meldete der Bordcomputer.
„Ich kann wieder lenken!“, strahlte Tom.
„Wir stürzen doch nicht ab!“, freute sich Stella und riss ihre Arme hoch.
„Das ist noch nicht gesagt“, entgegnete Plutinchen. „Schaut mal auf das Display.“
Tom und Stella senkten ihre Blicke. Auf dem Display leuchteten mehrere rote Warnsignale auf.
„Das Fahrgestell!“, stöhnte Stella.
„Der Stromgenerator!“, ärgerte sich Tom.
„Das waren die stürmischen Winde in der oberen Atmosphäre“, meinte Tom. „Die hat der Space Racer nicht verkraftet. Trotzdem müssen wir jetzt landen. Ich versuche, das Fahrgestell auszufahren.“
Tom tippte mit dem Finger auf das Display, doch nichts passierte. Er tippte noch einmal auf den Schalter für das Fahrgestell, aber das Signal blieb rot.
„Ich versuche es mit einem kurzen Sturzflug“, sagte er und drückte den Joystick nach vorne.

Der Space Racer kippte kopfüber nach unten, doch Tom fing das Raumschiff gleich wieder ab. Ein Ruck ging durch das Raumschiff. Das rote Signal verschwand, das Fahrgestell fuhr aus dem Rumpf.
„Das hilft immer“, sagte Tom erleichtert. „Wir können aufsetzen.“
„Dort ist es besonders eben“, zeigte Stella mit dem Finger auf eine Stelle.
Sie flogen auf eine fremdartige Landschaft zu, die im Licht eines großen sonnenähnlichen Sterns schimmerte. Selbst die Farben wirkten hier ganz anders.
„Sieht aus wie ein verschimmelter Käsekuchen“, meinte Stella.
„Findest du? Mich erinnert die Landschaft eher an den Meeresboden rund um die Titanic“, entgegnete Tom.
„Irgendwie unheimlich“, flüsterte Stella. „Man weiß nicht genau, was man eigentlich sieht.“
„Hoffentlich ist der Boden fest und gibt nicht nach“, sagte Tom.
„Sei bitte vorsichtig“, mahnte Stella. „Wenn er nachgibt, starte gleich durch.“
„Versprochen“, nickte Tom angespannt.

Er versuchte, den Joystick ruhig zu halten, und hielt Ausschau nach einem guten Landeplatz. Nach einer weiten Kurve glaubte er, eine geeignete Stelle gefunden zu haben. So langsam wie möglich setzte er auf, ließ den Finger aber über dem Knopf für den Blitzstart kreisen. Doch nichts geschah, der Space Racer stand fest auf dem Boden. „Puh!“, seufzte Stella. „Das wäre geschafft. Aber jetzt leuchtet neben dem anderen Warnsignal auch noch das Höhenruder auf.“

„Beim Stromgenerator habe ich bereits den Fehler gefunden“, miaute Plutinchen. „Ich werde ihn gleich beheben.“

„Sehr gut“, freute sich Stella. „Aber was ist mit dem Höhenruder?“

„Beim Landeanflug war alles in Ordnung“, antwortete Tom. „Nach unten kann ich den Space Racer lenken. Nach oben aber nicht.“

„Aber beim Start müssen wir nach oben“, erwiderte Stella.

„Sehen wir gleich einmal nach“, schlug Tom vor.

„Erst werden die Raumanzüge überprüft“, bremste Plutinchen die beiden Kinder. „Ist alles in Ordnung?“

Tom und Stella sahen auf ihre Astrofone, auf denen mehrere grüne Signale zu sehen waren.
„Alles bestens“, sagte Stella. „Unsere Anzüge sind dicht und die Sauerstoffversorgung arbeitet. Wir können aussteigen.“
Sie tippte auf das Display und langsam öffnete sich die gläserne Haube des Cockpits. Als sich Stella und Tom aus ihren Schalensitzen erhoben, spürten sie die etwas stärkere Schwerkraft von Tiberius c. Vorsichtig setzten sie den ersten Fuß auf den Boden.
„Hält“, stellte Tom fest. „Auch sinken wir nicht ein. Im Gegenteil, der Boden ist steinhart.“
„Der Boden sieht merkwürdig aus“, staunte Stella. „Als wäre er eine Flüssigkeit. Dabei ist er fest.“
„Es ist auch kein Eis“, fuhr Tom fort. „Das Astrofon zeigt 15 Grad Celsius an. Vielleicht war er vor Kurzem noch flüssig und ist später erstarrt?“
Bei den ersten Schritten auf dem Exoplaneten spürten sie die Schwerkraft. Sie mussten sich richtig anstrengen. Über ihnen thronte ein merkwürdiger, lila Planet, der ab und zu von Wolken verdeckt wurde. Diese bewegten sich schneller als die Wolken auf der Erde.

Im Hintergrund waren sonderbar geformte und sehr spitze Berge zu erkennen. Hier und da schwebte ein bläulicher Nebel über dem Boden.
„Unheimlich“, meinte Stella. „Und hört ihr diese fernen Geräusche? Was ist das, Plutinchen?“
„Schwer zu sagen“, antwortete die Roboterkatze. „Die Geräusche werden vom Planeten selbst verursacht. Ich vermute, die Oberfläche verformt sich gerade.“
Sie gingen zurück zum Space Racer und schauten sich diesen genauer an.
„Beim Space Racer hat sich auch etwas verformt. Sehen wir uns das Höhenruder an“, sagte Tom und ging in die Knie. Plutinchen stapfte unter die kurzen Tragflächen.

Es dauerte nicht lange und sie hatten den Schaden gefunden.
„Das Höhenruder lässt sich nicht mehr richtig bewegen“, bestätigte noch einmal Plutinchen.
„Haben wir Ersatzteile an Bord?“, fragte Stella besorgt. „Können wir das reparieren?“
„Nein“, lautete die klare Antwort der Roboterkatze.
„Auf der Liste des Bordcomputers steht kein Scharnier. Es ist ja auch sehr unwahrscheinlich, dass eines davon kaputtgehen könnte.“
„Unwahrscheinlich schon, aber nicht unmöglich, wie man ja sieht“, ärgerte sich Tom. „Was machen wir jetzt? Ohne Höhenruder können wir nicht starten.
Im Weltraum brauchen wir es nicht, aber in der Atmosphäre. Auf dem Mond könnten wir jederzeit starten, nicht aber hier. Das Höhenruder würde uns nach unten drücken.“
„Können wir kein anderes Ersatzteil nehmen?“, schlug Stella vor. „Was meinst du, Plutinchen?“
Die Roboterkatze brauchte ein paar Sekunden für die Antwort: „Nein, leider nicht. Die anderen Ersatzteile sind ungeeignet.“

Gibt es Leben auf Tiberius c?

„Ich fürchte, wir sitzen fest“, schnaufte Tom.

„Aber ich will hier nicht den Rest meines Lebens verbringen“, schimpfte Stella. „Wenn es wenigstens der Mars wäre. Dort gibt es eine große Marsbasis, etwas zu essen, eine Dusche und ein warmes Bett. Und was gibt es hier? Blauen Nebel, einen grünen Boden und Steine, die sich bewegen.“

„Steine, die sich bewegen?“, wiederholte Tom verwundert und sah Stella an.

„Ja. Dort hinten hat sich einer bewegt“, flüsterte Stella. „Vielleicht war es auch kein Stein. Aber es hat sich etwas bewegt.“

„Ein Lebewesen?“, erschrak Tom.

„Ich weiß es nicht“, antwortete Stella ängstlich. „Es ist dieses komische Ding dort hinten, das aussieht wie eine rote Pflanze.“

„Ich sehe nichts“, erklärte Tom. „Es ist unbeweglich wie ein Stein. Na ja, es ist ja auch wahrscheinlich ein Stein.“

„Ich habe mich nicht getäuscht“, entgegnete Stella. „Es hat sich etwas bewegt.“

„Dann gehen wir besser hinter dem Felsen in Deckung“, entschied Tom. „Kommt mit.“

„Und jetzt?“, fragte Stella, nachdem sie den Felsen umrundet hatten.

„Sehen wir uns das Ding näher an“, antwortete Tom und tippte auf das Astrofon seines Raumanzugs. Im Visier seines Helms öffnete sich ein Teleobjektiv, ein eingebautes Fernglas. Auch Stella schaltete ihr Fernglas ein.

„Was siehst du?“, fragte sie, während sie das merkwürdige Gebilde betrachtete.

„Es ist keine Pflanze“, antwortete Tom.

„Das weiß ich auch“, beschwerte sich Stella. „Aber was noch?“

„Nichts“, antwortete Tom. „Es bewegt sich nicht, es rührt sich nicht, es blinzelt nicht einmal.“

„Soll ich mal nachsehen?“, bot Plutinchen an.

„Aber sehr vorsichtig“, warnte Stella.

Die Roboterkatze aktivierte ihre Düsenpfoten und hob ab. Vorsichtig näherte sie sich dem Stein.

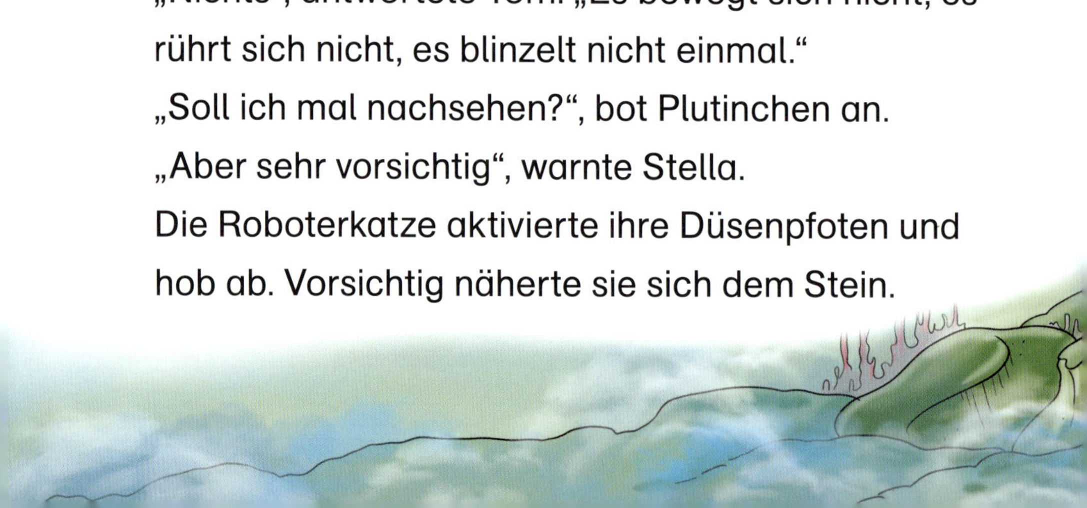

Plutinchen betrachtete dabei den Stein ganz genau.
„Und?“, drängelte Tom ungeduldig.
„Stella hat sich nicht geirrt“, funkte sie. „Kommt her.“
„Wirklich?“, fragten Tom und Stella gleichzeitig nach.
„Jetzt kommt schon“, antwortete Plutinchen und landete hinter dem Gebilde. „Es ist ungefährlich.“
„Also gut“, sagte Stella. „Sehen wir uns das Alien an.“
Sie zögerten noch eine Weile, bevor sie losgingen. Dabei spürten sie wieder die etwas stärkere Schwerkraft. Die Schritte fielen ihnen ein bisschen schwerer als auf der Erde. Doch dann waren sie vor dem Gebilde, das sie überragte.
Statt eines Aliens standen sie vor einem sonderbaren Objekt aus einem unbekannten Stoff. Es ähnelte entfernt einer Pflanze, war aber wahrscheinlich keine. Langsam bewegte sich das fremdartige Ding im Wind hin und her.

„Das habe ich gesehen!“, rief Stella. „Was ist das? Ist es eine Lebensform?“
Plutinchen zögerte mit der Antwort. Sie umkreiste das Gebilde und setzte ihre Sensoren ein.
„Was ist es?“, bohrte Stella nach.
„Ich vermute, es ist keine Lebensform“, antwortete die Roboterkatze. „Es ist eine Art Kristall.“
„So wie ein Bergkristall?“, meinte Tom.
„Ja“, miaute Plutinchen. „Nur viel dünner und mit Ästen.“
„Es ist wirklich keine Lebensform?“, wiederholte Stella. „Bist du ganz sicher?“
„Ziemlich sicher“, nickte Plutinchen. „Eine endgültige Entscheidung dürft ihr aber von mir nicht erwarten. Ich bin keine Expertin für mögliches Leben im All. Wahrscheinlich hätte auch die Forschung Probleme, schnell eine klare Antwort zu geben.“
Tom und Stella sahen sich das fremdartige Gebilde von allen Seiten an. Immer mal wieder schauten sie über die Schulter, um nicht doch von einem Alien überrascht zu werden.
„Wenn es ein Kristall ist, könnten wir doch ein Stück abbrechen und mitnehmen?“, schlug Tom schließlich vor.

„Wir haben ja extra einen Behälter für Proben an Bord“, sagte Tom weiter.
Er wollte gerade zugreifen, als ihn Stella zurückhielt.
„Aber was ist, wenn es doch lebendig ist?“, gab sie zu bedenken. „Vielleicht fügen wir ihm Schmerzen zu? Oder wir töten es sogar?“
Langsam zog Tom seine Hand wieder zurück.
„Stimmt“, nickte er. „Wir sind ja nicht gekommen, um diesen Planeten zu erobern. Wir wollen nur forschen. Also machen wir Fotos.“
Das war mit ihren Helmkameras natürlich kein Problem. Als sie damit fertig waren, sahen sie sich weiter um. Gemeinsam stiegen sie einen Hügel hinauf, von dem sie gute Sicht auf die Umgebung hatten. Im Süden verschwanden Hügel und Felsen in einem bläulichen Nebel, der langsam über den Boden kroch, als sei er lebendig.
„Da ist wieder dieses unheimliche Geräusch“, bemerkte Tom. „Was das wohl ist?“
„Seht euch das an!“, rief Stella plötzlich und zeigte mit dem Finger nach Norden. „Das sieht ja aus wie ein riesiges, menschliches Gesicht.“

Der Berg, den Stella entdeckt hatte, war mehrere Kilometer entfernt und überragte die anderen, ungewöhnlich spitzen Gipfel. Es waren tatsächlich Augen, eine Nase und ein Mund zu erkennen.
„Orbital!“, staunte Tom. „Wie ist denn das möglich? Wie kann hier jemand ein menschliches Gesicht in einen Felsen hauen?“
„Der Planet ist doch bewohnt!“, freute sich Stella.
„Vielleicht haben sie uns sogar erwartet?“, überlegte Tom. „Sie müssen uns beobachtet haben. Wie sollten sie sonst wissen, wie wir aussehen? Das Gesicht sieht nach einer Botschaft an uns aus. Sie begrüßen uns.“

„Also sind sie uns freundlich gesonnen“, schlussfolgerte Stella aufgeregt. „Ich bin gespannt, wie die Aliens aussehen. Sie könnten uns ja ähnlich sein. Was meinst du, Plutinchen?“

„Schaltet eure Teleobjektive ein“, antwortete die Roboterkatze.

„Glaubst du, wir können sie damit sehen?“, vermutete Tom.

„Bestimmt“, meinte Stella.

„Schaltet eure Teleobjektive ein“, wiederholte Plutinchen.

„Schon passiert“, meldete Stella und erkannte nun Einzelheiten. Die Augen wurden durch Felsvorsprünge gebildet. Die Nase stellte sich als langer Riss im Gestein heraus. Der Mund entstand durch einen Schatten, den eine Felsnadel warf.

„Oh nein!“, maulte Tom enttäuscht.

„Aber vorhin hat es noch wie ein Gesicht ausgesehen“, ärgerte sich Stella.

„Weil du aus dem, was du gesehen hast, ein Gesicht gemacht hast“, erklärte Plutinchen. „Dein Gehirn sucht nach vertrauten Bildern. Es sucht nach Mustern, um möglichst schnell die Welt erkennen zu können. Diese vertrauten Muster helfen beim Überleben. Du musst nicht alles immer wieder neu entdecken, sondern erkennst sehr schnell, welches Tier gefährlich ist oder was du essen kannst.“

„Verstehe“, nickte Stella.

„Auch in einer unbekannten Welt versucht dein Gehirn, etwas Bekanntes zu entdecken“, fügte Plutinchen hinzu.

„Wir sind nicht auf den Berg hereingefallen, sondern auf unsere Gehirne“, stellte Tom fest.

„Sie haben aus Schatten und ein paar Felsen ein menschliches Gesicht gemacht“, meinte Stella enttäuscht.
„Das ist sehr menschlich“, tröstete sie Plutinchen, „und du bist da auch nicht die Erste. Menschen glaubten schon, auf dem Mond oder dem Mars Gesichter erkannt zu haben.“
„Das Marsgesicht!“, entfuhr es Tom. „Das hat mir mein Vater mal erzählt.“
„Das war im Jahr 1976“, wusste Plutinchen. „Die Raumsonde Viking 1 hat ein Foto vom Mars zur Erde gefunkt, auf dem ein rund drei Kilometer langer Felsen zu sehen war. Licht und Schatten und die damals noch schlechte Bildqualität ließen diesen Felsen wie die riesige Arbeit eines Bildhauers aussehen, der auf dem Mars ein menschliches Gesicht geschaffen hatte.“
„Das Marsgesicht“, wiederholte Tom.
„Die nächsten Fotos dieses Felsens, die 1998 und 2001 von einer neuen Sonde aufgenommen wurden, zeigten nur einen nackten Felsen“, erklärte Plutinchen.
„Genau wie hier“, nickte Stella. „Aber wie können wir diese Irrtümer vermeiden?“

„Auch mithilfe des Gehirns“, antwortete Plutinchen. „Wir wissen ja, dass es uns manchmal diese Streiche spielt. Daher müssen wir mit unseren Wahrnehmungen immer vorsichtig umgehen. Sollten wir einen Verdacht haben, können wir noch einmal genauer hinsehen und den ersten Eindruck überprüfen.“
„So wie wir gerade“, bestätigte Tom. „Wir waren einfach zu voreilig und haben zu schnell falsche Schlüsse gezogen. Genau wie bei den Holografien.“
„Auch moderne Technik kann der Wahrnehmung einen Streich spielen“, erklärte Plutinchen. „Man muss immer vorsichtig sein mit dem, was man sieht, und alles erst mal hinterfragen.“
„Schade, wieder keine Aliens“, maulte Stella frustriert.

Die Suche geht weiter

„Wie kann es sein, dass es hier kein erdähnliches Leben gibt? Die Bedingungen sind hier doch eigentlich sehr gut?“, fragte Tom.
„Das sind sie auch“, stimmte Plutinchen zu. „Aber vielleicht haben wir nur einen schlechten Zeitpunkt erwischt.“
„Du meinst, wir sollten später wiederkommen?“, fragte Stella erstaunt.
„Wenn damit viele Millionen Jahre gemeint sind, liegst du in etwa richtig“, nickte die Roboterkatze. „Dann könnte es Leben geben. Oder aber es gab Leben, das jedoch durch eine Katastrophe wieder vernichtet worden ist. Von der Erde sind fünf Katastrophen bekannt, die fast das gesamte Leben auf dem Planeten ausgelöscht hätten. Das Leben ist nicht so sicher, wie es uns scheint.“
„Die Dinosaurier!“, platzte es aus Tom heraus. „Das war vor 66 Millionen Jahren. Ein Asteroid ist auf der Erde eingeschlagen. Wir haben den Krater in Mexiko besucht.“

„Ja, das ist eine dieser fünf Katastrophen", stimmte Plutinchen zu. „Es waren aber nicht nur Asteroiden. Auch ein Klimawandel oder die Verschiebung von Kontinenten können Lebewesen gefährlich werden."

„Wir geben trotzdem nicht auf", sagte Stella und suchte die nähere Umgebung ab. Auch Tom schaltete das eingebaute Fernglas ein. Plutinchen startete ihre Düsenpfoten und suchte aus der Höhe nach Anzeichen von Leben. Sie nutzte auch verschiedene, winzige Messgeräte, die in ihrem Körper eingebaut waren.

„Habt ihr etwas?", meldete sich Tom nach einer Viertelstunde.

„Ich habe noch mehr von diesen komischen Gewächsen entdeckt, die keine sind", antwortete Stella. „Und was ist bei dir?"

„Ein Haufen sonderbarer Steine und Löcher im Boden", antwortete Tom. „Das ist alles. Aber vielleicht war Plutinchen erfolgreicher?"

„Leider bin ich auch nicht fündig geworden", funkte Plutinchen. „Die Ergebnisse, die meine Messinstrumente anzeigen, sind sehr verwirrend."

„Hier ist vieles ganz anders als im Sonnensystem“, stellte Tom fest. „Vor allem dieses merkwürdige Geräusch. Habt ihr nicht auch den Eindruck, dass es näher kommt?“
„Ja, es kommt näher“, bestätigte Stella. „Als würden Risse durch dickes Eis wandern.“
„Es ist die Oberfläche des Planeten“, sagte Plutinchen. „Sie verändert sich. Das ist für Planeten nichts Ungewöhnliches. Doch wir wissen nicht, wie das hier geschieht.“
„Schaut mal nach Osten“, funkte Tom. „Der blaue Nebel. Er kommt näher. Es sieht fast so aus, als würde er sich bewegen. Könnte das eine Lebensform sein?“
„Eine gasförmige Lebensform?“, staunte Stella. „Wäre das möglich?“
Wieder mussten sie auf die Antwort von Plutinchen warten.
„Das ist eine sehr gute Frage, die ich nicht beantworten kann“, funkte die Roboterkatze. „Die Forschung würde bestimmt sagen, dass es so etwas nicht gibt. Aber ausschließen würde ich es nicht.“
„Wo sind wir hier bloß gelandet?“, wunderte sich Stella.

„Auf Tiberius c, einem Exoplaneten“, antwortete Tom trocken.
„Was du nicht sagst“, maulte Stella.
Plötzlich spürten sie etwas. Der Boden unter ihren Füßen begann zu zittern.
„Die nächste Überraschung“, meinte Tom.
„Ein Erdbeben?“, fragte Stella.
„Aber nur ein schwaches“, antwortete Tom. „Es ist schon wieder vorbei. Kein Grund zur Panik.“
„Dann sieh mal nach Westen“, funkte Stella mit ängstlicher Stimme.
Sofort drehte sich Tom um und betrachtete die drei ungewöhnlich spitzen Gipfel in der Ferne. Der mittlere Berg wurde langsam kleiner. Er schrumpfte kaum merklich, aber er schrumpfte. Er neigte sich leicht zur Seite und sackte wie in Zeitlupe in den Untergrund.
„Das ist es also“, funkte Plutinchen. „Die Oberfläche von Tiberius c scheint nicht stabil zu sein. Wenn sie sich regelmäßig verändert, haben es Lebewesen natürlich schwer. Ich meine das Leben, das wir von der Erde her kennen.“

Wie gebannt beobachteten Tom und Stella, wie der mittlere Gipfel nach und nach verschwand. Gleichzeitig wurde aus dem unheimlichen Geräusch ein fernes, tiefes Donnern. Der Boden zitterte erneut, nur diesmal viel heftiger. Plötzlich schoss ein Riss durch den Boden. Splitter flogen in die Luft, überall knackte und knisterte es. Tom und Stella ruderten mit den Armen, um ihr Gleichgewicht zu behalten.

„Hilfe! Was ist los?“, rief Stella, als sie plötzlich in die Luft gehoben wurde. Sie saß ohne Vorwarnung auf etwas Kaltem, Grünlichem mit lila Spitzen und klammerte sich daran fest. Kaum hatte die Fahrt in die Höhe begonnen, da endete sie auch schon wieder. Ängstlich richtete sie den Blick nach unten. Dort stand Tom und schaute zu ihr hoch.

„Was ist passiert?“, fragte sie.

„Du sitzt auf einer Felsenspitze“, antwortete Tom. „Sie ist aus dem Boden gekommen und hat dich wie ein Fahrstuhl nach oben mitgenommen. Zum Glück sind es nur ein paar Meter.“

„Wie komme ich von da wieder runter?“, fragte sie.

„Rutsch einfach runter“, schlug Plutinchen vor, die plötzlich vor ihr schwebte.

„Gut“, stimmte Stella zu und lockerte vorsichtig ihren Griff. Die Felsnadel war glatt. Sie hatte keine Mühe, an ihr nach unten zu gleiten.

„Geschafft“, sagte sie erleichtert, als sie wieder auf ihren Füßen stand. Über ihr ragte der spitze, grüne Felsen in die Luft.

„Sieht von unten gar nicht so hoch aus“, meinte sie.

„Sieh dich mal um“, kam Tom auf sie zu. „Es sind noch mehr dieser Felsen gewachsen.“

„Tatsächlich“, staunte Stella. Etwa 100 Meter von ihr entfernt ragte eine weitere Felsnadel aus dem Boden.

„Was ist das?“, fragte sie.

„Wenn ich das nur wüsste“, gab Plutinchen zu. „Diese Erscheinung ist mir völlig unbekannt. Irgendwo verschwinden diese Felsnadeln im Boden und an anderer Stelle tauchen neue auf. So sieht es jedenfalls aus."

„Der Boden ist an manchen Stellen wie aus Glas", bemerkte Tom. „Der splittert natürlich, wenn so eine Felsnadel nach oben will."

Das merkwürdige Geräusch wurde wieder lauter. Tom und Stella sahen sich um. Ein weiterer Riss bahnte sich seinen Weg zu ihnen hin und teilte sich in viele kleine Risse auf. Ab und zu schoss ein Splitter nach oben.

„Wie bei einer Glasscheibe, die zerspringt", meinte Stella. „Nur langsamer."

„Aber nicht ungefährlich", gab Tom zu bedenken. „Ich finde, wir sollten den Planeten verlassen. Sicherheit geht vor. Unsere Sauerstoffvorräte sind auch bald verbraucht. Und das Laufen fällt hier wirklich schwer. Was meint ihr?"

„Ja, wir sollten starten", stimmte Stella zu. „Gehen wir zum Space Racer."

„Habt ihr nicht etwas vergessen?", bremste sie Plutinchen.

„Was denn?", fragte Tom.

Plutinchen verliert ihren Schwanz

„Ach, du dickes Mondkalb! Das Höhenruder!“, rief Stella.

„Genau das meine ich“, miaute Plutinchen. „Wir müssen es noch reparieren.“

„Na, dann los“, sagte Tom und wollte gerade loslaufen, als sich mit einem klirrenden Knall eine weitere Felsnadel durch den Boden bohrte. Große, grüne Splitter flogen durch die Luft und zerplatzten bei der Landung in tausend Stücke.

„In Deckung!“, rief Tom. „Hinter den Felsen!“

Stella sprintete los und traf zusammen mit Tom ein. Hinter dem Felsen waren sie erst einmal in Sicherheit. Vorsichtig betrachteten sie das sonderbare Schauspiel. Weitere Felsnadeln bahnten sich den Weg an die Oberfläche.

„Was ist mit dem Space Racer?“, fragte Stella.

„Er muss dort stehen“, antwortete Tom und zeigte mit dem Finger nach Westen.
„Ich sehe ihn“, sagte Stella, die ihr eingebautes Teleobjektiv eingeschaltet hatte. „Wenn sich die Felsnadeln etwas beruhigt haben, sollten wir so schnell wie möglich hinlaufen.“
„Ja, wir sollten gleich starten“, nickte Tom.
„Aber das Höhenruder?“, entgegnete Stella.
„Wir versuchen es einfach“, meinte Tom. „Vielleicht klappt es ja auch so.“
„Okay“, stimmte Stella zu. „Was sagst du, Plutinchen?“

„Einen Versuch ist es wert“, antwortete die Roboterkatze.
Aber noch schlugen die Bruchstücke aus dem aufgeplatzten Boden überall ein. Tom und Stella hofften, dass keines von ihnen den Space Racer traf. Der Krach war unerträglich. Nur dank ihrer Raumanzüge brauchten sie sich nicht die Ohren zuzuhalten.
Dann wurde es schlagartig still. Kein aus dem Boden gebrochenes Teil flog mehr durch die Luft. Die Felsnadeln rührten sich nicht mehr. Die ganze Landschaft wirkte wie eingefroren.
„Los!“, rief Tom. „Die Pause dauert bestimmt nicht lange.“
Über Risse im Boden und unzählige Splitter rannten Tom und Stella zum Space Racer. Plutinchen flog über ihnen und öffnete die Cockpithaube. Als sie beim Raumschiff eintrafen, keuchten sie und schnappten nach Luft. Bei der größeren Schwerkraft fiel das Laufen sehr schwer.
„Es ist nichts beschädigt worden“, pustete Tom.
„Einsteigen!“, schnaufte Stella.

Sie schnallten sich an und verzichteten auf einen Check. Stella huschte mit ihren Augen nur schnell über die Anzeigen. Es gab nur ein rotes Signal: das Höhenruder.
„Versuchen wir es!“, sagte Tom und startete die Motoren. Der Space Racer hob ab, gewann aber nicht an Höhe. Tom zog den Joystick zu sich hin, bis er am Anschlag war.
„Es hat keinen Sinn“, sagte er. „Das kaputte Höhenruder lenkt den Space Racer immer nach unten.“
„Landen wir wieder“, meinte Stella. „Wir vergeuden sonst nur Treibstoff. Wir müssen das Höhenruder reparieren.“
Mit viel Mühe gelang es Tom, wieder zu ihrem Landeplatz zurückzukehren und das Raumschiff sogar sanft aufzusetzen.
„So ein Mist!“, schimpfte er. „Wir sitzen hier fest.“
„Wir brauchen ein Scharnier“, miaute Plutinchen. „Lasst uns überlegen, welches Teil an Bord als Scharnier dienen könnte.“
„Die Schalensitze haben Scharniere!“, rief Stella.

„Das stimmt. Sie sind für die Stellung der Rückenlehne zuständig“, bestätigte Plutinchen. „Aber wo willst du dich anschnallen, wenn wir diese Scharniere ausbauen? Auf dem Klo?“
„Du hast recht“, musste sie eingestehen. „Das geht nicht.“
„Schon gar nicht die Scharniere der Haube“, fügte Tom hinzu.
Eine Weile schwiegen Stella und Tom. Auch Plutinchen hatte keinen Vorschlag.
„Das kann doch nicht sein“, ärgerte sich Tom. „Wir haben doch immer eine Idee.“
„Diesmal sieht es finster aus“, schluchzte Stella. „Wo nehmen wir bloß ein Scharnier her, das nicht unbedingt benötigt wird?“
In diesem Augenblick fing der Space Racer an zu zittern. Gleichzeitig schwoll das unheimliche Geräusch wieder an.
„Die Pause ist vorbei“, stellte Tom fest. „Es geht weiter.“
Schon hörten sie das Splittern der glasähnlichen Bruchstücke.
„Jetzt aber schnell!“, mahnte Tom. „Wir brauchen eine Idee!“

Während draußen die spitzen Felsnadeln wuchsen, herrschte im Space Racer Stille. Würden Schweißtropfen Geräusche erzeugen, wäre es sehr laut an Bord gewesen.

„Plutinchen!", platzte es plötzlich aus Stella heraus. „Dein Schwanz wird doch mit einem Scharnier bewegt!"

„Das stimmt", schnurrte die Roboterkatze.

„Brauchst du den Schwanz unbedingt?", fragte Stella. „Ich meine, geht etwas kaputt, wenn du ihn nicht mehr hast?"

„Nein", antwortete Plutinchen. „Er hilft mir, beim Gehen besser das Gleichgewicht zu halten. Aber ich kann auch ohne Schwanz gehen."

„Lässt er sich leicht abbauen?", fragte Tom.

„Ich glaube schon. Aber ich selbst kann es nicht", antwortete Plutinchen.

„Das Werkzeug!", rief Stella, löste den Anschnallgurt und holte aus dem Heck einen kleinen Werkzeugkasten. Plutinchen kletterte auf Toms Schoß.

„Da sind tatsächlich Schrauben", sagte er und griff sich den Akkuschrauber. Nur Sekunden später hatte er den Schwanz abgeschraubt.

„Ein tolles Scharnier“, freute sich Tom. „Es muss ja nichts tragen, sondern das Höhenruder nur beweglich halten.“
Ein prasselndes Geräusch ließ sie nach oben schauen.
„Ist das Hagel?“, fragte Tom.
„Nein, das sind kleine Bruchstücke von dem merkwürdigen Boden“, antwortete Stella. „In der Nähe muss ein größerer Brocken eingeschlagen sein.“
Sie warteten den Schauer ab und öffneten die Haube. Stella und Tom krochen unter die Tragfläche und bauten das beschädigte Scharnier aus.
„Es ist stark verbogen“, meinte Stella. „Aber wir schaffen es.“
„Plutinchens Scharnier passt nicht“, sagte Tom, nachdem er es ausprobiert hatte. „Es ist zu klein und wir können keine neuen Löcher in die Tragflächen bohren.“
Erneut prasselte ein Schauer aus Splittern auf den Space Racer. Tom und Stella waren unter dem Raumschiff zum Glück in Sicherheit.

„Was nun?“, fragte Tom.
„Bohren können wir nicht“, miaute Plutinchen, „aber kleben. Und mit dem Klebstoff verschließe ich auch die alten Bohrlöcher für die Schrauben.“
„Kleben! Natürlich!“, freute sich Stella. „Das wir daran nicht gedacht haben. Dein berühmter Reparaturkleber.“
„Genau. Und den habe ich ja immer dabei“, sagte Plutinchen und spuckte etwas Kleber auf die richtige Stelle. Tom setzte sofort das Schwanzscharnier darauf und drückte es fest auf den Rumpf. Nun spuckte Plutinchen auf das Höhenruder und Tom drückte das Scharnier auch dort fest.
„Fertig!“, schnaufte er erleichtert, während die Einschläge der Bruchstücke näher kamen.
„Dieser Spezialkleber hält eine Menge aus“, versicherte Plutinchen.

„Er härtet sehr schnell und ist hitzebeständig. Er kann sogar …“

Weiter kam Plutinchen nicht, denn quer über den Boden schoss lautstark ein Riss. Direkt unter dem Rumpf wuchs eine spitze Felsnadel langsam aus dem Boden.

„Jetzt aber los!“, rief Tom.

So schnell sie konnten, krabbelten sie unter dem Space Racer hervor und stiegen in das Raumschiff ein. Rechts und links schlugen krachend die ersten größeren Splitter ein. Stella schloss die Haube, Tom startete die Motoren. Schon hob die

Felsnadel den Space Racer an und versuchte, ihn aufzuspießen. Doch das Raumschiff hob bereits ab und flog in den blaugrünen Himmel.
„Es funktioniert!“, jubelte Stella. „Das Scharnier funktioniert!“
„Wie gut, dass wir eine Roboterkatze an Bord haben“, freute sich Tom. „Wir werden den Schwanz gleich von Stellas Vater reparieren lassen, wenn wir zurück sind.“
„Es eilt nicht“, sagte Plutinchen. „Seht euch lieber noch einmal Tiberius c an. Was für ein außergewöhnlicher Planet. Doch nicht einmal das wissen wir genau. Es kann ja auch sein, dass er in der Milchstraße ganz gewöhnlich ist.“
Tom und Stella umkreisten den Planeten noch mehrere Male, um ihn in Ruhe betrachten zu können.
„Was für ein schöner Planet“, meinte Tom.

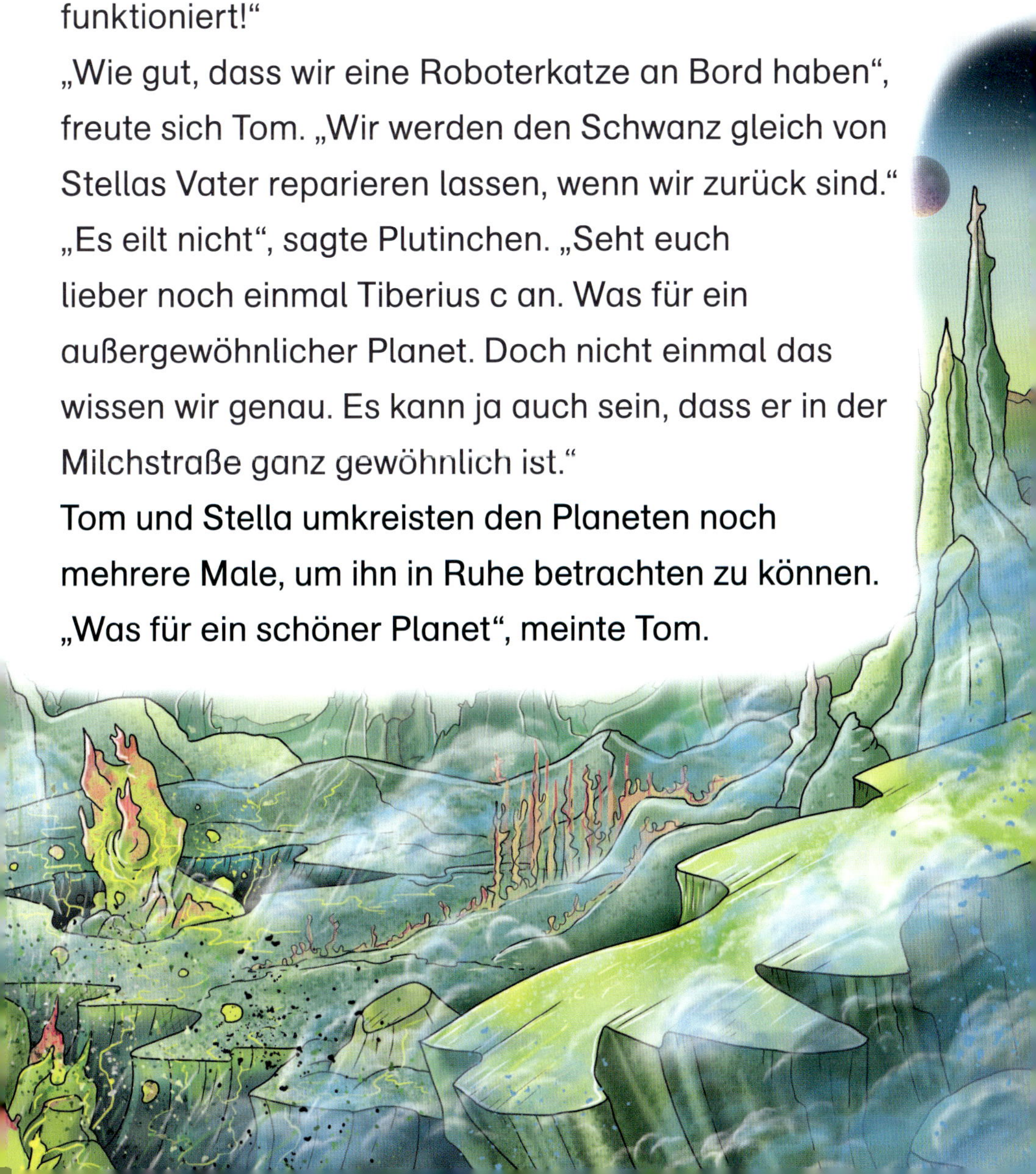

„Er mag gefährlich und unheimlich sein, aber er ist wunderschön“, erklärte Tom weiter.
„Wir müssen ja dort nicht leben“, meinte Stella. „Es reicht doch aus, wenn wir ihn uns ansehen und ein wenig erforschen können.“
„Wer weiß, vielleicht gibt es ja doch Leben dort“, ergänzte Tom. „Na ja, wir müssen ja noch in Quarantäne. Am Ende leben dort lustige Bakterien.“
„Hoffentlich nicht“, meinte Stella.
Plötzlich hörten sie ein leises Surren. Auf dem Display leuchtete auf einmal ein Signal auf.
„Was ist das?“, wunderte sich Tom.

„Keine Ahnung“, gab Stella zu.
„Es könnte ein Funksignal sein“, vermutete Plutinchen.
„Ein Funksignal?“, riefen Tom und Stella gleichzeitig.
„Aber hier erreicht uns kein Funksignal von der Erde. Das ist völlig unmöglich!“, fügte Stella hinzu.
Das Surren hörte auf, das Signal erlosch. Es war wieder still im Cockpit.
„War das wirklich ein Funksignal?“, fragte Tom.
„Das weiß ich nicht“, antwortete Plutinchen. „Es war viel zu kurz, um das festzustellen.“
„Wenn es ein Funksignal war, dann muss es aus diesem Sonnensystem kommen“, vermutete Stella. „Tiberius c ist ja nicht der einzige Planet, der diese Sonne umkreist.“
„Wenn es überhaupt ein Funksignal war“, gab Tom zu bedenken. „Außerdem haben wir keine Zeit.“
„Schade“, sagte Stella.
„Ich habe die Zielangaben für das Wurmloch“, miaute Plutinchen.

„Gut, dann ab nach Hause“, sagte Tom und verließ den Orbit. Er beschleunigte und suchte das Wurmloch. Doch es dauerte noch, bis Stella endlich melden konnte: „Dort ist es.“

„Die werden jede Menge Fragen haben“, vermutete Stella.

„Hauptsache, sie haben auch jede Menge Space Tea“, freute sich Tom.

„Und ein neues Scharnier für meinen Schwanz“, fügte Plutinchen noch hinzu, bevor sie im Wurmloch verschwanden.

Der kleine Major Tom

Logbuch

Der unbekannte Planet // Eintrag 1

Das Wort „Exoplanet“ ist eine Abkürzung für extrasolarer Planet, also für einen Planeten, der nicht unsere Sonne umkreist. Stattdessen umkreist er einen anderen Stern, viele Lichtjahre von uns entfernt. Ein Exoplanet gehört also nicht zu unserem Sonnensystem. Die ersten drei Exoplaneten wurden 1992 entdeckt. Sie umkreisen den Stern Lich, der 2300 Lichtjahre von uns entfernt ist. Die Entdeckung von Exoplaneten gelingt nur mit moderner Forschungstechnik, etwa mit Weltraumteleskopen wie Kepler (gestartet 2009) und James Webb (gestartet 2021). Aber auch große Teleskope auf der Erde können Exoplaneten nachweisen. Der bekannteste Weg ist die Transitmethode. Wenn ein Exoplanet seinen Stern umkreist, verdeckt er diesen zeitweise und die Helligkeit des Sterns nimmt ab. Dieser Durchgang wird Transit genannt. Bis Juni 2024 wurden 5980 Exoplaneten entdeckt.

Der unbekannte Planet // Eintrag 2

Die Suche nach Exoplaneten dient auch der Suche nach außerirdischem Leben. Das Problem dabei ist, dass wir bislang nur das Leben auf der Erde kennen. Wir können folglich nur nach Planeten suchen, die mit der Erde und deren Bedingungen für das Leben vergleichbar sind. Es geht also um erdähnliche Exoplaneten. Sie müssen Gesteinsplaneten sein und etwa so groß wie unsere Erde. Auf ihnen muss es Wasser geben, das dauerhaft flüssig ist. Und es muss warm genug sein. Bis 2023 wurden rund 25 Exoplaneten gefunden, die diese Bedingungen erfüllen. Ein wichtiger Hinweis, ob Leben auf einem Exoplaneten herrscht, wäre das Vorhandensein von Sauerstoff in der Atmosphäre. Größere Mengen von Sauerstoff können nämlich, soweit wir wissen, nur von Lebewesen erzeugt werden. Trotzdem konnte bisher kein Leben, wie wir es kennen, festgestellt werden. Die Suche geht also weiter.

Der unbekannte Planet // Eintrag 3

Die Winde in der oberen Atmosphäre von Tiberius c haben uns ganz schön zu schaffen gemacht. Dabei sind Winde mit hohen Geschwindigkeiten sogar normale Erscheinungen. Auch auf der Erde gibt es sehr schnelle Winde. Auf der Zugspitze zum Beispiel, dem höchsten Berg Deutschlands, wurden Winde mit 335 Stundenkilometern gemessen.

Bereits bei 105 Stundenkilometern wird man fast weggefegt. Ab dieser Windgeschwindigkeit kann sich nämlich kein Mensch mehr auf den Beinen halten. Aber die Zugspitze ist noch gar nichts dagegen. In der Atmosphäre des Gasplaneten Jupiter kann der Wind 1455 Stundenkilometer erreichen. Gerade weit oben in der Atmosphäre sind die Windgeschwindigkeiten besonders hoch, weil auf dem Boden viel mehr Reibung und Widerstand herrscht. Der Wind hat also auf dem Boden keine freie Fahrt und ist somit langsamer.

Der unbekannte Planet // Eintrag 4

Das Felsengesicht hat uns ganz schön erschreckt. Dabei war es bloß ein Felsen, der entfernt aussah wie ein menschliches Gesicht. Das ist den Mustern zu verdanken, die in unserem Gehirn gespeichert sind. Denn unser Gehirn will möglichst schnell und einfach reagieren können. Das geht am besten, indem es in fremde Dinge und Situationen Bekanntes reinliest. Dabei kommt es natürlich zu Irrtümern. Jeder kennt ja die sonderbaren Formen, die manchmal Wolken bilden. Wir glauben dann, Häuser, Tiere oder Gesichter zu erkennen. Fachleute nennen diese Täuschung des Gehirns übrigens Pareidolie. Das ist ein griechisches Wort und bedeutet Trugbild. Zu diesen Trugbildern gehört auch das bekannte Marsgesicht, das nur ein Felsen ist. Deswegen gab es Menschen, die glaubten, es gäbe Marsianer. Verrückt, oder?

„Das Universum ist groß, die Erde unser Zuhause.“

Peter Schilling

Die Kreativ-Crew rund um den kleinen Major Tom

© Kurt Fuchs

Bernd Flessner …

… hat am 24.11.1957 Geburtstag. Er wurde in Göttingen geboren, ist aber am Meer aufgewachsen. Seine Lieblingsfarbe ist Rot. Am liebsten schreibt er Bücher für Erwachsene und Bücher für Kinder. Wenn er mal gerade nicht schreibt, dann kocht er. Sein Lieblingsgericht ist selbst gemachte Lasagne. Bernd Flessner ist ein begeisterter Zukunftsforscher, ihn interessiert alles, was mit Raumfahrt und Weltall zusammenhängt. Sein größter Wunsch wäre es, einmal zum Mars zu fliegen (und zurück natürlich, damit er von seinem Abenteuer berichten kann).

© Stefan Lohr

Stefan Lohr …

… hat am 5.5.1972 Geburtstag. Er wurde in Leutkirch geboren und lebt heute in Ravensburg. Seine Lieblingsfarbe ist Blau. Und am liebsten illustriert er Bücher für Kinder. Wenn er Zeit hat, dann fährt er gern Achterbahn. Am liebsten mit Doppellooping. Sein größter Wunsch wäre es, einmal mit Major Toms Space Racer ein paar Loopings im Weltall zu drehen.

Peter Schilling

Wer kennt nicht „Major Tom (völlig losgelöst)“ und hat dazu schon mal ordentlich abgetanzt? Der Sänger und Songschreiber Peter Schilling, von dem dieser und noch viele andere Songs stammen, hatte die geniale Idee, die Geschichte aus dem weltbekannten Lied weiterzuerzählen – und zwar als Geschichte für Kinder. Er ist, wie er sagt, im Herzen ein Kind geblieben und hat so die Idee zum kleinen Major Tom, Stella und Plutinchen gehabt. Und weil er den Autor und Weltraumfan Bernd Flessner kennengelernt hat, sind daraus Geschichten entstanden. Peter Schilling möchte gerne, dass Kinder die Möglichkeit bekommen, so viel wie möglich über unsere Welt und das Universum zu erfahren. Deshalb tauscht er sich gerne vor seinen Konzerten mit Kindern über das spannende Thema Weltraum aus.

Bisher erschienen:

Band 1: Völlig losgelöst
ISBN 978-3-7886-4001-9

Bd. 2: Rückkehr zur Erde
ISBN 978-3-7886-4002-6

Bd. 3: Die Mondmission
ISBN 978-3-7886-4003-3

Bd. 4: Kometengefahr
ISBN 978-3-7886-4004-0

Bd. 5: Gefährliche Reise zum Mars
ISBN 978-3-7886-4005-7

Bd. 6: Abenteuer auf dem Mars
ISBN 978-3-7886-4006-4

Bd. 7: Außer Kontrolle!
ISBN 978-3-7886-4007-1

Bd. 8: Verloren im Regenwald
ISBN 978-3-7886-4008-8

Bd. 9: Im Bann des Jupiters
ISBN 978-3-7886-4009-5

Bd. 10: Im Sog des Schwarzen Lochs
ISBN 978-3-7886-4010-1

Bd. 11: Wer rettet Ming und Hu?
ISBN 978-3-7886-4011-8

Bd.12: Plutinchen in Gefahr
ISBN 978-3-7886-4012-5

Bd. 13: Die Wüste lebt
ISBN 978-3-7886-4013-2

Bd. 14: Abenteuer im brennenden Eis
ISBN 978-3-7886-4014-9

Bd. 15: SOS im Venusnebel
ISBN 978-3-7886-4215-0

Bd. 16: Fehler im System
ISBN 978-3-7886-4216-7

Bd. 17: Rettungsmission zum Pluto
ISBN 978-3-7886-4217-4

Bd. 18: Geheimnis in der Tiefe
ISBN 978-3-7886-4218-1

Band 19: Die Dinos greifen an!
ISBN 978-3-7886-4219-8

Hörspiele:

Zuletzt erschienen:

Download & Streaming
auf allen gängigen Portalen

Fehler im System
ISBN 978-3-7886-7435-9

Aufbruch ins Ungewisse
ISBN 978-3-7886-4426-0